Leistungsbild und Honorierung

Nr. 44

Bauakustik – Raumakustik – Schallimmissionsschutz

Stand: Juli 2023

erarbeitet von der AHO-Fachkommission „Akustik und Thermische Bauphysik“

Ausschuss der Verbände und Kammern der Ingenieure und Architekten für die Honorarordnung e.V.

Reguvis

Kooperationspartner des Bundesanzeiger Verlages

Bibliografische Information der Deutschen Bibliothek
Die Deutsche Bibliothek verzeichnet diese Publikation in der Deutschen Nationalbibliografie; detaillierte bibliografische Daten sind im Internet über: http://dnb.ddb.de abrufbar.

Herausgeber: AHO e.V.
Tauentzienstraße 18
10789 Berlin
Telefon: (030) 31 01 917-0
Telefax: (030) 31 01 917-11
E-Mail: aho@aho.de

Redaktionelle Bearbeitung: AHO-Fachkommission „Akustik und Thermische Bauphysik"

Dieses Heft erscheint im Rahmen der AHO-Schriftenreihe. Alle Hefte der AHO-Schriftenreihe erscheinen als unverbindliche Praxishilfen zur Leistungsbeschreibung und Honorarkalkulation. Die Inhalte dienen der Orientierung und entfalten keinerlei rechtliche Bindungswirkung. Die geschuldeten Planungsleistungen und deren Honorierung bestimmen sich ausschließlich nach der vertraglichen Vereinbarung im Einzelfall.

ISBN 987-3-8462-1519-7
1. Auflage Juli 2023

Printed in Germany

Mitglieder der AHO-Fachkommission „Akustik und Thermische Bauphysik“

Dr.-Ing. Gerald Knaust, Weimar, Leiter der AHO-Fachkommission

Dipl.-Ing. Georg Eßer, Wiesbaden

Dipl.-Ing. (FH) Klaus Focke, Pinneberg

Dr. Thomas Hils, Kaufering

Dipl.-Ing. Lars Laudien, Aachen

Dipl.-Ing. Annika Moll, Berlin

Prof. Dipl.-Ing. Wolfgang Sorge, Nürnberg

Dipl.-Ing. Michael Urra, Düsseldorf

Allgemeines Vorwort zur AHO-Schriftenreihe

Eine für Auftraggeber und Auftragnehmer transparente und nachvollziehbare Honorarermittlung gibt Orientierung im Vergabeprozess, unterstützt die vertragliche Vereinbarung im Einzelfall und hilft damit nicht zuletzt, zeitaufwendige und kostenträchtige Streitfälle zu vermeiden. Honorare sollten daher systematisiert, nachvollziehbar und möglichst einheitlich ermittelt werden.

Nach dem Wegfall der verbindlichen Mindest- und Höchstsätze infolge eines Urteils des Europäischen Gerichtshofes regelt die Honorarordnung für Architekten und Ingenieure (HOAI 2021) auch künftig die Maßstäbe und Grundlagen für die Berechnung von Honoraren für die von der HOAI erfassten Leistungen und bietet weiterhin einen verlässlichen Orientierungsrahmen zur Kalkulation angemessener Honorare im Einzelfall.

Die Bedeutung der vertraglichen Vereinbarung über die zu erbringenden Planungsleistungen und deren Honorierung wird mit der ab 1.1.2021 geltenden HOAI 2021 weiter zunehmen, denn die bisherigen Regelungen zu den verbindlichen Mindest- und Höchstsätzen werden durch den Grundsatz ersetzt, dass sich das Honorar nach der Vereinbarung der Parteien richtet.

Diese Honorarvereinbarung muss nicht – wie bisher – schriftlich zum Zeitpunkt der Auftragserteilung geschlossen werden, um wirksam zu sein. Künftig ist es ausreichend, wenn diese Vereinbarung in Textform (z.B. per E-Mail) erfolgt. Sofern die Parteien keine Vereinbarung in Textform geschlossen haben, gilt der „Basishonorarsatz" als vereinbart, der anstelle des bisherigen Mindestsatzes eingeführt wurde und diesem entspricht. Diese Regelung übernimmt damit die Wertung des § 7 Abs. 5 HOAI 2013, ist aber im Gegensatz zu dieser als widerlegliche Vermutung ausgestaltet. Entsprechend einer Forderung des Berufsstandes der Architekten- und Ingenieure wurden die Fachplanungsleistungen der Anlage 1 Bauphysik, Geotechnik, Ingenieurvermessung sowie Umweltverträglichkeitsstudie den Grundleistungen der HOAI gleichgestellt. Das bedeutet, dass für diese Leistungen alle Allgemeinen Vorschriften (Teil 1 HOAI) uneingeschränkt anwendbar sind, beispielsweise die Vorschriften zur Honorarermittlung, aber auch die Regelung in § 7 Abs. 1 HOAI über die Anwendung des Basishonorarsatzes, sofern keine Vereinbarung über die Höhe der Vergütung getroffen wurde.

Aber auch für Besondere Leistungen sowie Planungsleistungen, die nicht in der HOAI geregelt sind, besteht ein großes praktisches Bedürfnis an Empfehlungen zur systematischen Honorarermittlung. Der AHO hat es sich mit seinen mehr als 24 Fachkommissionen und Arbeitskreisen zur Aufgabe gemacht, diese Lücke zu füllen. Seit 1987 werden die Beratungsergebnisse der mit Ingenieuren, Architekten und Stadtplanern interdisziplinär besetzten Arbeitsgremien in der „Grünen Schriftenreihe" veröffentlicht und erfreuen sich zunehmender Nachfrage, nicht zuletzt, weil die Spezialisierung der Planung angesichts zunehmender Komplexität stetig steigt.

Im Gegensatz zu den Grundleistungen gemäß § 3 Abs. 1 HOAI, die in den einzelnen Leistungsbildern abschließend erfasst und deren Bewertungen in die Honorartafeln der HOAI eingeflossen sind, werden Besondere Leistungen in der HOAI zwar beispielhaft aufgeführt, jedoch weder näher definiert noch bewertet. § 3 Abs. 2 HOAI enthält lediglich den Hinweis, dass die Aufzählung der Besonderen Leistungen in der HOAI nicht abschließend ist.

Dementsprechend beinhaltet die AHO-Schriftenreihe z.B. Leistungsbilder und Honorierungsempfehlungen für Leistungen des Brandschutzes, der Baulogistik oder der Verkehrsplanung.

Die Honorare für Besondere Leistungen können frei und formlos vereinbart werden. Besondere Leistungen können auch in anderen als den angeführten Leistungsbildern oder Leistungsphasen vereinbart werden, soweit sie dort keine Grundleistungen darstellen. In der AHO-Schriftenreihe werden Besondere Leistungen als Anwendungshilfe für Auftragnehmer und Auftraggeber in dem jeweiligen Einzelfall praxisnah beschrieben und regelmäßig aktualisiert. Diesen Leistungen werden, soweit dies möglich ist, unverbindliche Vorschläge zur Honorarkalkulation und Orientierung gegenübergestellt. Diese entfalten keinerlei rechtliche Bindungswirkung. Die geschuldeten Planungsleistungen und deren Honorierung bestimmen sich ausschließlich nach der vertraglichen Vereinbarung im Einzelfall.

Vorwort[1]

Leistungen für Bauakustik, Raumakustik und Schallimmissionsschutz werden regelmäßig angefragt und von spezialisierten Akteuren erbracht.

In den letzten Jahren haben sich Besondere Leistungen für Bauakustik und Raumakustik weiterentwickelt, um Objektplanungen und Qualitätssicherungen während der Planungs- und Ausführungsphasen zu unterstützen.

Um für Auftraggeber und Auftragnehmer eine klare Abgrenzung zwischen Grundleistungen und Besonderen Leistungen zu ermöglichen, werden in dem vorliegenden „Grünen Heft" des AHO die Leistungen differenziert aufgelistet.

Leistungen für Schallimmissionsschutz, welche den Schallschutz außerhalb von Bauwerken behandeln, sind in der HOAI 2021 nicht beschrieben. Diese Leistungen gehören damit insgesamt zu den Besonderen Leistungen. Aufgrund der großen Bedeutung der Leistungen für Schallimmissionsschutz außerhalb von Gebäuden wurde entschieden, auch diese Leistungen in dem vorliegenden „Grünen Heft" zu behandeln.

Es wird empfohlen, die besonderen Qualifikationen der Auftragnehmer bei der Beauftragung der Leistungen zu berücksichtigen, um bei der Vergabe das wirtschaftlichste dem billigsten Angebot vorziehen zu können.

Für messtechnische Untersuchungen zum Schallschutz und für Bauakustik stehen besonders qualitätsüberwachte Schallschutzprüfstellen nach DIN 4109 zur Verfügung, die in einer Liste des Verbandes der Materialprüfungsämter VMPA geführt werden. Diese Stellen unterziehen sich in einem Rhythmus von drei Jahren einer Qualitätssicherungsmaßnahme durch die Teilnahme an Schallschutz-Vergleichsmessungen, Qualitätsüberprüfung von Ausarbeitungen und Teilnahme an Fortbildungen, sodass von diesen Stellen nicht nur eine besonders hohe Qualität bei messtechnischen Untersuchungen, sondern auch bei allen Bearbeitungen für Bauakustik erwartet werden kann.

Für Bearbeitungen für Schallimmissionsschutz sind bei der DAkkS akkreditierte Stellen und amtlich benannte Stellen nach § 29b BImschG besonders qualifiziert.

Die Leistungserfordernisse müssen aus der konkreten Auseinandersetzung mit den Projektzielen und den Planungsinhalten entwickelt werden. Eine darauf bezogene Leistungsbeschreibung in einer Leistungsabfrage ermöglicht die Auswahl des wirtschaftlichsten Angebotes. Eine vollständige oder auch eine über die notwendigen Leistungen hinausgehende Leistungsaufzählung der Leistungen aus dem vorliegenden „Grünen Heft" führt bei Leistungsabfragen in Ausschreibungen im Allgemeinen nicht zu wirtschaftlichen Angeboten und sollte daher vermieden werden.

Berlin, im Juli 2023

Dr. Ing. Gerald Knaust

– Leiter der AHO-Fachkommission „Akustik und Thermische Bauphysik" –

1 Aus Gründen der leichteren Lesbarkeit wird in dem vorliegenden AHO-Heft die gewohnte männliche Sprachform bei personenbezogenen Substantiven und Pronomen verwendet. Dies impliziert jedoch keine Benachteiligung des weiblichen Geschlechts, sondern soll der sprachlichen Vereinfachung halber als geschlechtsneutral zu verstehen sein.

Inhaltsverzeichnis

1 Ausgangssituation

Die HOAI 2021 folgt dem Urteil des Europäischen Gerichtshofs[2] mit der Konsequenz, dass die Verbindlichkeit der Mindest- und Höchstsätze nicht mehr fortbesteht. Die Regelungen der HOAI zur Honorarermittlung wurden dagegen unverändert fortgeführt und dienen ebenso wie die zur Honorarorientierung fortgeltenden Honorartafeln weiterhin der Ermittlung und Vereinbarung eines angemessenen Honorars, wie es sich ausdrücklich aus dem Wortlaut des modifizierten ArchLG sowie aus der Begründung zur HOAI 2021 ergibt. Danach sollen die Honorarsätze der HOAI weiterhin zu Gewährleistung einer hohen Planungsqualität beitragen.

In der HOAI 2021 wurde klargestellt, dass es sich bei den Leistungen für Bauphysik um Fachplanungsleistungen handelt, die den Grundleistungen der HOAI rechtlich gleichgestellt sind. Im Zuge einer weiteren Novellierung der HOAI sind diese aus der Anlage in die Struktur der HOAI zu überführen (Teil 4 Fachplanungen).

Die in der AHO-Fachkommission „Akustik und Thermische Bauphysik" tätigen Praktiker liefern mit der nachfolgenden Ausarbeitung sowohl eine ergänzte ausführlichere Leistungsbeschreibung als auch eine praxisorientierte Honorarempfehlung.

Die in der HOAI 2021 enthaltene Differenzierung in „Bauakustik (Schallschutz)" und „Raumakustik" wird in dem vorliegenden „Grünen Heft" um den Schallimmissionsschutz erweitert.

Mit den Beschreibungen in dem vorliegenden Heft werden sowohl die Interessen der Auftraggeber als auch der Auftragnehmer beachtet, sodass dieses Heft „Bauakustik – Raumakustik – Schallimmissionsschutz" als Grundlage für Leistungsbeschreibungen und zur Honorarfindung empfohlen wird.[3]

2 EuGH-Urteil (Vierte Kammer) vom 4.7.2019, Rs. C-377/17.

3 DIN – Deutsches Institut für Normung e.V. (Hrsg.), Kommentar HOAI 2013, Band 5: Spezielle Fachplanungsleistungen der Architekten und Ingenieure, Beuth Verlag, 2014, S. 47–88.

2 Leistungen für Bauakustik, Raumakustik und Schallimmissionsschutz

2.1 Anwendungsbereich

Der Anwendungsbereich dieses Heftes bezieht sich auf zu errichtende Objekte, auf Bestandsgebäude und auf alle Bearbeitungen des Schallimmissionsschutzes.

Das aus der HOAI 2013 unverändert übernommene Leistungsbild, welches sich auf Regelungen für Bauakustik und Raumakustik bezieht, wurde auch in die HOAI 2021 übernommen.

Leistungen für Schallimmissionsschutz sind nicht in der HOAI 2021 beschrieben, obgleich diese Leistungen eine immer größere Bedeutung in Planungsprozessen einnehmen.

Die Leistungen für Bauakustik (Schallschutz) und für Raumakustik beziehen sich auf alle Bereiche innerhalb eines Bauwerks.

In der HOAI 2021 wird der Schallimmissionsschutz den Leistungen für Bauakustik zugeordnet. Dies betrifft ausschließlich den Schallimmissionsschutz für die im Gebäude integrierten Anlagen der Technischen Ausrüstung.

Die hier mit Leistungen für Schallimmissionsschutz beschriebenen Leistungen beziehen sich auf alle Bereiche des Schallschutzes außerhalb von Bauwerken.

In dem vorliegenden Heft werden die Besonderen Leistungen für Bauakustik und Raumakustik und für Schallimmissionsschutz in Übereinstimmung mit der HOAI mit Ergänzungen beschrieben.

Die Grundlagen der Honorarermittlung werden in Abschnitt 2.3 dargelegt.

2.2 Leistungsbild Bauakustik, Raumakustik und Schallimmissionsschutz

Im Rahmen öffentlich-rechtlicher Regelungen in den Bundesländern werden für den Planungsbereich „Bauakustik" öffentlich-rechtliche Nachweise nach den in den Technischen Baubestimmungen genannten Regelwerken verlangt. Insbesondere werden aber Planungsleistungen für Bauakustik zur Erfüllung zivilrechtlicher Anforderungen und von besonderen Nutzungs- und Nutzeranforderungen erbracht.

Der Planungsbereich „Raumakustik" fällt in den meisten Fällen in den zivilrechtlichen Bereich, lediglich für öffentliche Gebäude des Bildungswesens und ggf. Arbeitsräume sind besondere öffentlich-rechtliche Regelungen zu beachten. Die Beachtung der Regelwerke und der anerkannten Regeln der Technik für Raumakustik sind sowohl im zivilrechtlichen als auch im öffentlich-rechtlichen Bereich verpflichtend.

Der Planungsbereich „Schallimmissionsschutz" berührt in einem sehr großen Umfang öffentlich-rechtliche Regelungen, wie z.B. die Immissionsschutz-Verordnungen und Technischen Anleitungen für Verkehrs-, Sport-, Freizeit- und Gewerbelärm. Zum Gewerbelärm können auch energieerzeugende Anlagen gehören, die im privaten Umfeld betrieben werden. Zur regenerativen Energieerzeugung werden nicht nur zentrale Anlagen (z.B. Kohle- und Gaskraftwerke), sondern auch dezentrale Anlagen in Form von Windenergieanlagen, Wärmepumpen, Blockheizkraftwerke (BHKW), Hackschnitzel-Anlagen etc. errichtet, deren

Abstand zu schutzbedürftigen Immissionsorten im Allgemeinen geringer ist als bei zentralen Anlagen.

Die Komplexität der Bearbeitung der Nachweise und Planungen in allen Planungsphasen erfordert qualifizierte Akteure. Dies gilt allgemein für alle Akteure, sowohl für alle Auftragnehmer, die die im vorliegenden Heft beschriebenen Leistungen erbringen, als auch für die im VMPA gelisteten Schallschutzprüfstellen, die bei der DAkkS akkreditierten Stellen, ö.b.u.v. Sachverständige mit den hier behandelten Fachrichtungen sowie die Nachweisberechtigten, die nach den besonderen Regelungen in einigen Bundesländern in Listen geführt werden.

In den nachfolgenden Tabellen werden die erforderlichen Planungsleistungen aufgeführt, die in jedem Fall zur Erfüllung der wesentlichen Anforderungen der Bauakustik, der Raumakustik und des Schallimmissionsschutzes und damit auch der Nachhaltigkeit, insbesondere zur Sicherstellung des Gesundheitsschutzes und der Barrierefreiheit, erforderlich sind. Hierbei ist für die einzelnen Phasen der Grundleistungen für Bauakustik und Raumakustik die in der HOAI 2021 vorgenommene Bewertung unverändert übernommen worden. Bei den Leistungen für Schallimmissionsschutz handelt es sich ausschließlich um Besondere Leistungen.

Die Planungsleistungen für Bauakustik (Schallschutz), Raumakustik und Schallimmissionsschutz werden regelmäßig als integrale Leistung in Form einer Mitwirkung erbracht. Unter „Mitwirken“ wird nach Festlegung der Koordinierungsgruppe zur Evaluierung der Planungsbereiche der HOAI „eine Unterstützungsleistung im Sinne einer Zuarbeit zu einer Leistung verstanden, die jemand anderes zu verantworten hat“.

Beispielhaft werden in den nachstehenden Tabellen weitere Besondere Leistungen benannt, die je nach Art und Größe, Entwurf, Nutzung und Komplexität des Planungsobjekts auch in anderen Leistungsphasen notwendig werden können und erforderlichenfalls fortgeschrieben werden müssen. Die genannten Besonderen Leistungen sind im Hinblick auf die Planungsaufgabe auszuwählen und bei Bedarf zu spezifizieren.

Die Komplexität von innovativen Bauweisen, wie sie z.B. im Holzbau oder bei hybriden Bauweisen anzutreffen sind, erfordert ggf. durch den Auftraggeber die Beauftragung von Leistungen, die üblicherweise erst in späteren Leistungsphasen erbracht werden.

Um die Spezifika für die drei Leistungsbereiche „Bauakustik“, „Raumakustik“ und „Schallimmissionsschutz“ besser darstellen zu können, werden die Leistungsbereiche jeweils in eigenen Kapiteln beschrieben.

Die Leistungsbilder setzen sich wie folgt zusammen:

2.2.1 Bauakustik (Schallschutz)

Die Grundleistungen für Bauakustik werden in Prozentsätzen der Gesamthonorare wie folgt nach HOAI 2021 bewertet:

Leistungsphase (Lph)	**Prozentsatz des Honorars**
Lph 1 (Grundlagenermittlung)	3 %
Lph 2 (Mitwirken bei der Vorplanung)	20 %

Leistungsphase (Lph)	Prozentsatz des Honorars
Lph 3 (Mitwirken bei der Entwurfsplanung)	40 %
Lph 4 (Mitwirken bei der Genehmigungsplanung)	6 %
Lph 5 (Mitwirken bei der Ausführungsplanung)	27 %
Lph 6 (Mitwirken bei der Vorbereitung der Vergabe)	2 %
Lph 7 (Mitwirken bei der Vergabe)	2 %

Grundleistungen	Besondere Leistungen
Lph 1 – Grundlagenermittlung	
a) Klären der Aufgabenstellung • soweit diese vorliegt, auf Basis der vom Bauherrn vorzulegenden Bedarfsermittlung nach DIN 18205[4] b) Festlegen der Grundlagen, Vorgaben und Ziele	• Mitwirken bei der Ausarbeitung von Auslobungen und bei Vorprüfungen für Wettbewerbe • Bestandsaufnahme bestehender Gebäude durch Inaugenscheinnahme • Ermitteln und Bewerten von Kennwerten • Bauakustische Bestandsaufnahmen mittels messtechnischer Untersuchungen • Schadensanalyse bestehender Gebäude • Mitwirken beim Erfüllen von Vorgaben für Zertifizierungen • Mitwirken bei der Entwicklung eines Schallschutzkonzeptes unter Beachtung der Abhängigkeit von Gebäude und Technischer Ausrüstung, der Nutzungsrandbedingungen und der örtlichen Randbedingungen • Mitwirken an Projekt-, Käufer- oder Mieterbaubeschreibungen
Lph 2 – Mitwirken bei der Vorplanung	
a) Analyse der Grundlagen b) Klären der wesentlichen Zusammenhänge von Gebäuden und technischen Anlagen einschließlich Betrachtung von Alternativen c) Vordimensionierung der relevanten Bauteile des Gebäudes • Abstimmen der erforderlichen Schallschutzmaßnahmen, Art der Bauteile und Baukonstruktionen d) Mitwirken beim Abstimmen der fachspezifischen Planungskonzepte der Objektplanung und der Fachplanungen	• Erstellen eines fachübergreifenden Bauteilkatalogs o Erstellen eines bauphysikalischen Bauteilkatalogs, ggf. mit zeichnerischer Darstellung der Konstruktionen, der neben den für die Bauakustik wichtigen Schichten mit Materialbeschreibungen die Schichten des Bauteils unter Zuarbeit anderer am Projekt beteiligten Planer enthält, z.B. Planer für Thermische Bauphysik und Raumakustik

4 DIN 18205:2016-11 „Bedarfsplanung im Bauwesen“.

Grundleistungen	Besondere Leistungen
e) Erstellen eines Gesamtkonzepts in Abstimmung mit der Objektplanung und den Fachplanungen • Auflisten der bauakustisch relevanten Bauteile mit Vorbemessung der zur Bauakustik erforderlichen Aufbauten der Bauteile und der Materialeigenschaften f) Erstellen von Rechenmodellen, Auflisten der wesentlichen Kennwerte als Arbeitsgrundlage für Objektplanung und Fachplanungen • Vorbemessung der wesentlichen Kennwerte zur Bauakustik, wie bewertete Bauschalldämm-Maße, bewertete Normtrittschallpegel, zulässige Schalldruckpegel	• Einholen von Daten zur Ermittlung maßgeblicher Außenlärmpegel, Plausibilitätsprüfung der Daten und rechnerische Ermittlung des maßgeblichen Außenlärmpegels • Vorgezogener Nachweis des Schallschutzes • Mitwirken bei der Untersuchung von Alternativplanungen • Teilnahme an Planungs-, Projekt- und Steuerungsbesprechungen, die nicht zur unmittelbaren Erbringung der Leistungen für Bauakustik erforderlich sind
Lph 3 – Mitwirken bei der Entwurfsplanung	
a) Fortschreiben der Rechenmodelle und der wesentlichen Kennwerte für das Gebäude b) Mitwirken beim Fortschreiben der Planungskonzepte der Objektplanung und Fachplanung bis zum vollständigen Entwurf • Bereitstellen der Ergebnisse c) Bemessen der Bauteile des Gebäudes d) Erarbeiten von Übersichtsplänen und eines Erläuterungsberichts zum Entwurf mit Vorgaben, Grundlagen und Auslegungsdaten	• Simulationen zur Prognose des Verhaltens von Bauteilen und Gebäuden Beispiele o Berechnungen des Schallschutzes nach Verfahren, die nicht in den Technischen Baubestimmungen enthalten sind o Frequenzabhängige Berechnungen von Schalldämm-Maßen, Verbesserungen durch Vorsatzkonstruktionen und von Flankenschalldämmungen • Detaillierte Berechnungen von Schallübertragungen über Nebenwege • Berechnungen der Schallausbreitung über Kanalnetze der Lüftungs- und Klimaanlagen • Entwurf von Maßnahmen zur Körperschalldämmung von technischen Anlagen/Anlagen der technischen Gebäudeausrüstung • Mitwirken bei der Erstellung eines Raumbuches • Mitwirken bei der Aufstellung von Konzepten zur Qualitätssicherung, insbesondere Aufstellung der Konzepte für Maßnahmen der Bauakustik • Mitwirken bei vergleichenden Wirtschaftlichkeitsberechnungen von unterschiedlichen Maßnahmen für den Schallschutz • Prüfung der Regel- und Leitdetails des Objektplaners im Hinblick auf die Bauakustik

Grundleistungen	Besondere Leistungen
	• Leistungen im Rahmen von Zertifizierungsprozessen, wie z.B. in Heft 33 der Schriftenreihe des AHO beschrieben[5] oder Schallschutzausweis nach BR0103 der DEGA • Leistungen für Wiederholungsplanungen oder Anpassungsplanungen für Räume und Trennbauteile, die nicht im Rahmen der Grundleistungen bearbeitet werden (z.B. baugleiche und nutzungsgleiche Gebäudeteile oder Innenräume, für die keine anrechenbare Kosten zur Ermittlung des Gesamthonorars berücksichtigt werden)
Lph 4 – Mitwirken bei der Genehmigungsplanung	
a) Mitwirken beim Aufstellen der Genehmigungsplanung und bei Vorgesprächen mit Behörden b) Aufstellen der förmlichen Nachweise • Nachweise auf Grundlage der Entwurfsplanung der Objektplaner und Fachplaner für TGA c) Vervollständigen und Anpassen der Unterlagen	• Mitwirken beim Einholen von Zustimmungen im Einzelfall
Lph 5 – Mitwirken bei der Ausführungsplanung	
a) Durcharbeiten der Ergebnisse der Lph 3 und 4 unter Beachtung der durch die Objektplanung integrierten Fachplanungen b) Mitwirken bei der Ausführungsplanung durch ergänzende Angaben für die Objektplanung und Fachplanungen • Zu diesen Angaben für die Bauakustik zählen insbesondere die Dicken der Einzelschichten der bauakustisch relevanten Baukonstruktionen, die Schalldämm-Maße oder bewertete Trittschallminderungen von Fußbodenkonstruktionen und Belägen, Bewertungen der Flankenschalldämmungen, höchstzulässige Pegel in Sende- und Empfangsräumen, Maßnahmen für Schallschutz gebäudetechnischer Anlagen, Mitwirken bei der Entwicklung von Regeldetails hinsichtlich der Bauakustik	• Erstellen der Nachweise für Tekturplanungen • Mitwirken beim Prüfen der Montage- und Werkstattplanung der ausführenden Unternehmen auf Übereinstimmung mit der Ausführungsplanung in Bezug auf die Bauakustik Mitwirken bei einem Planumlaufverfahren • Wiederholte Prüfung der Ausführungs- und Detailpläne (Index-Varianten) • Zusammenstellung von Beiträgen anderer Planungsbeteiligter aus vorangegangenen Leistungsphasen und Aufbereitung dieser Leistungen zur Integration in die Planungen für Bauakustik

5 AHO-Schriftenreihe Nr. 33 „Leistungen für Nachhaltigkeitszertifizierung – Beispielhafte Betrachtung für das Leistungsbild Objektplanung Gebäude und Innenräume“, 2016.

Grundleistungen	Besondere Leistungen
Lph 6 – Mitwirken bei der Vorbereitung der Vergabe	
a) Beiträge zu Ausschreibungsunterlagen • Mitwirken bei der Formulierung zu technischen Vorbemerkungen	• Verfassen von Textbeiträgen für Leistungsverzeichnisse
Lph 7 – Mitwirken bei der Vergabe	
a) Mitwirken beim Prüfen und Bewerten der Angebote auf Erfüllung der Anforderungen	• Prüfen von Nebenangeboten o Teilnahme an Bieter- und Vergabegesprächen
Lph 8 – Objektüberwachung und Dokumentation	
	• Mitwirken bei der Baustellenkontrolle durch Prüfungen von Bauausführungen, jeweils auf Anforderung o Unterstützung der Bauleitung bei der Überprüfung von Detailausbildungen o Überprüfung der eingebauten Baustoffe und Konstruktionen und Vergleich mit den Anforderungen in den Schallschutznachweisen o Mitwirken bei der Überprüfung der Bauausführung bei Zustimmung im Einzelfall • Mitwirken bei der Bauabnahme • Überprüfung von Alternativvorschlägen der ausführenden Firmen nach der Vergabe • Überprüfung der ausgeführten Maßnahmen für Bauakustik, bei den ausgeführten haustechnischen Anlagen bezüglich der Erfüllung der Anforderungen nach dem Schallschutznachweis, im Allgemeinen durch messtechnische Kontrollen, da Schallschutzeigenschaften regelmäßig nicht durch Inaugenscheinnahmen erkannt werden können. • Messtechnisches Überprüfen der Qualitäten der Bauausführungen, insbesondere o Messung der Luft- und Trittschalldämmung o Messung von Schalldruckpegeln innerhalb von Gebäuden o Messung von Schalldruckpegeln unmittelbar vor dem Gebäude o Messung von Körperschallpegeln o Beprobung von Baustoffen und Laboruntersuchungen zur Bestimmung von Baustoffeigenschaften, z.B. zur Messung der Rohdichte, der dynamischen Steifigkeit

Grundleistungen	**Besondere Leistungen**
Lph 9 – Objektbetreuung	
	• Mitwirken bei Audits in Zertifizierungsprozessen

2.2.2 Raumakustik

Die Grundleistungen für Raumakustik werden in Prozentsätzen der Gesamthonorare wie folgt nach HOAI 2021 bewertet:

Leistungsphase (Lph)	**Prozentsatz des Honorars**
Lph 1 (Grundlagenermittlung)	3 %
Lph 2 (Mitwirken bei der Vorplanung)	20 %
Lph 3 (Mitwirken bei der Entwurfsplanung)	40 %
Lph 4 (Mitwirken bei der Genehmigungsplanung)	6 %
Lph 5 (Mitwirken bei der Ausführungsplanung)	27 %
Lph 6 (Mitwirken bei der Vorbereitung der Vergabe)	2 %
Lph 7 (Mitwirken bei der Vergabe)	2 %

Grundleistungen	**Besondere Leistungen**
Lph 1 – Grundlagenermittlung	
a) Klären der Aufgabenstellung • soweit diese vorliegt, auf Basis der vom Bauherrn vorzulegenden Bedarfsermittlung nach DIN 18205[6] b) Festlegen der Grundlagen, Vorgaben und Ziele	• Mitwirken bei der Ausarbeitung von Auslobungen und bei Vorprüfungen für Wettbewerbe • Bestandsaufnahme bestehender Gebäude durch Inaugenscheinnahme • Ermitteln und Bewerten von Kennwerten • Raumakustische Bestandsaufnahmen mittels messtechnischer Untersuchungen • Schadensanalyse bestehender Gebäude • Mitwirken beim Einhalten von Vorgaben für Zertifizierungen • Mitwirken an Projekt-, Käufer- oder Mieterbaubeschreibungen

6 DIN 18205:2016-11 „Bedarfsplanung im Bauwesen".

Grundleistungen	Besondere Leistungen
Lph 2 – Mitwirken bei der Vorplanung	
a) Analyse der Grundlagen b) Klären der wesentlichen Zusammenhänge von Gebäuden und technischen Anlagen einschließlich Betrachtung von Varianten, sofern diese für die Maßnahmen für Raumakustik relevant sind c) Vordimensionierung der relevanten Räume und der raumakustisch relevanten Bauteile des Gebäudes • Abstimmen der erforderlichen Maßnahmen für Raumakustik, insbesondere zur Raumdimensionierung, zur Schallfeldverteilung und Nachhallzeitregulierung d) Mitwirken beim Abstimmen der fachspezifischen Planungskonzepte der Objektplanung und der Fachplanungen e) Erstellen eines Gesamtkonzepts in Abstimmung mit der Objektplanung und den Fachplanungen • Auflisten der raumakustisch relevanten Oberflächen mit Vorbemessung der für die Raumakustik erforderlichen Dimensionierungen, der Oberflächenstrukturen und Absorptionseigenschaften der Konstruktionen f) Erstellen von Rechenmodellen, Auflisten der wesentlichen Kennwerte als Arbeitsgrundlage für Objektplanung und Fachplanungen • Vorbemessung der wesentlichen Kennwerte zur Raumakustik, wie Raumabmessungen und Geometrien, Besetzungsdichten (Volumen-Platzverhältnisse), Nachhallzeiten, A/V-Verhältnisse	• Erstellen eines fachübergreifenden bauphysikalischen Bauteilkatalogs o Erstellen eines bauphysikalischen Bauteilkatalogs, ggf. mit zeichnerischer Darstellung der Konstruktionen, der neben den für die Raumakustik wichtigen Baustoffen und Baukonstruktionen die Schichten des Bauteils unter Zuarbeit anderer am Projekt beteiligten Planer enthält, z.B. Planer für Thermische Bauphysik und Bauakustik • Mitwirken bei der Untersuchung von Alternativplanungen • Teilnahme an Planungs-, Projekt- und Steuerungsbesprechungen, die nicht zur unmittelbaren Erbringung der Leistungen für Raumakustik erforderlich sind
Lph 3 – Mitwirken bei der Entwurfsplanung	
a) Fortschreiben der Rechenmodelle und der wesentlichen Kennwerte für das Gebäude b) Mitwirken beim Fortschreiben der Planungskonzepte der Objektplanung und Fachplanung bis zum vollständigen Entwurf • Bereitstellen der Ergebnisse c) Bemessen der Bauteile des Gebäudes d) Erarbeiten von Übersichtsplänen und eines Erläuterungsberichtes zum Entwurf mit Vorgaben, Grundlagen und Auslegungsdaten	• Simulationen zur Prognose des Verhaltens von Bauteilen und Räumen Beispiele o Berechnungen für Schallausbreitungskurven in Innenräumen, Simulationen, wie z.B. mit Raytracing-Verfahren, Schallteilchenverfahren und Auralisationen, z.B. nach VDI 3760 • Mitwirken bei der Erstellung eines Raumbuches

<table>
<tr><th>Grundleistungen</th><th>Besondere Leistungen</th></tr>
<tr><td></td><td>
• Mitwirken bei der Aufstellung von Konzepten zur Qualitätssicherung, insbesondere Aufstellung der Konzepte für Maßnahmen der Raumakustik
• Mitwirken bei vergleichenden Wirtschaftlichkeitsberechnungen von unterschiedlichen Maßnahmen für Raumakustik
• Mitwirken bei der Planung von elektroakustischen Anlagen
• Prüfung der Regel- und Leitdetails des Objektplaners im Hinblick auf die raumakustische Fachplanung
• Leistungen im Rahmen von Zertifizierungsprozessen, wie z.B. in Heft 33 der Schriftenreihe des AHO beschrieben[7]
• Leistungen für Wiederholungsplanungen oder Anpassungsplanungen für Räume und Baukonstruktionen, die nicht im Rahmen der Grundleistungen bearbeitet werden (z.B. baugleiche und nutzungsgleiche Gebäudeteile oder Innenräume, für die keine anrechenbare Kosten zur Ermittlung des Gesamthonorars berücksichtigt werden)
</td></tr>
<tr><td colspan="2">Lph 4 – Mitwirken bei der Genehmigungsplanung</td></tr>
<tr><td>
a) Mitwirken beim Aufstellen der Maßnahmen für Raumakustik im Zuge der Genehmigungsplanung
b) Aufstellen der Nachweise für Raumakustik
• Nachweise auf Grundlage der Entwurfsplanung der Objektplaner
• Festlegung von Maßnahmen für Raumakustik zur Einhaltung der Nutzer- und Nutzungsanforderungen
c) Vervollständigen und Anpassen der Unterlagen
</td><td>
• Mitwirken beim Einholen von Zustimmungen im Einzelfall
</td></tr>
</table>

7 AHO-Schriftenreihe Nr. 33 „Leistungen für Nachhaltigkeitszertifizierung – Beispielhafte Betrachtung für das Leistungsbild Objektplanung Gebäude und Innenräume, 2016.

<table>
<tr><th>Grundleistungen</th><th>Besondere Leistungen</th></tr>
<tr><td colspan="2">Lph 5 – Mitwirken bei der Ausführungsplanung</td></tr>
<tr><td>a) Durcharbeiten der Ergebnisse der Lph 3 und 4 unter Beachtung der durch die Objektplanung integrierten Fachplanungen
b) Mitwirken bei der Ausführungsplanung durch ergänzende Angaben für die Objektplanung und Fachplanungen
• Zu diesen Angaben zählen insbesondere die detaillierten Angaben zu Raumgeometrien, Geometrien der Oberflächen, Reflexionswirkung von Oberflächen und Konstruktionen, Absorptionswirkung von Oberflächen und Konstruktionen, Einzelschichten der raumakustisch relevanten Baukonstruktionen, Angaben zu raumakustisch relevanten Einrichtungen, Angaben zu den höchstzulässigen Schalldruckpegeln in den Innenräumen bzw. zu den zu erwartenden Schalldruckpegeln in den Räumen, Mitwirken bei der Entwicklung von Regeldetails hinsichtlich der Raumakustik</td><td>• Erstellen der Nachweise für Tekturplanungen
• Mitwirken beim Prüfen der Montage- und Werkstattplanung der ausführenden Unternehmen auf Übereinstimmung mit der Ausführungsplanung in Bezug auf die Raumakustik
• Mitwirken bei einem Planumlaufverfahren
• Wiederholte Prüfung der Ausführungs- und Detailpläne (Index-Varianten)
• Zusammenstellung von Beiträgen anderer Planungsbeteiligter aus vorangegangenen Leistungsphasen und Aufbereitung dieser Leistungen zur Integration in die Planungen für Raumakustik</td></tr>
<tr><td colspan="2">Lph 6 – Mitwirken bei der Vorbereitung der Vergabe</td></tr>
<tr><td>a) Beiträge zu Ausschreibungsunterlagen
• Mitwirken bei der Formulierung zu technischen Vorbemerkungen</td><td>• Verfassen von Textbeiträgen für Leistungsverzeichnisse</td></tr>
<tr><td colspan="2">Lph 7 – Mitwirken bei der Vergabe</td></tr>
<tr><td>a) Mitwirken beim Prüfen und Bewerten der Angebote auf Erfüllung der Anforderungen</td><td>• Prüfen von Nebenangeboten
o Teilnahme an Bieter- und Vergabegesprächen</td></tr>
<tr><td colspan="2">Lph 8 – Objektüberwachung und Dokumentation</td></tr>
<tr><td></td><td>• Mitwirken bei der Baustellenkontrolle durch Prüfungen von Bauausführungen, jeweils auf Anforderung
o Unterstützung der Bauleitung bei der Überprüfung von Detailausbildungen
o Unterstützung der Bauleitung bei der Überprüfung von raumakustisch relevanten Oberflächen und Einrichtungen
o Überprüfung der eingebauten Baustoffe und Konstruktionen und Vergleich mit den Anforderungen in den Nachweisen für Raumakustik
o Mitwirken bei der Überprüfung der Bauausführung bei Zustimmung im Einzelfall</td></tr>
</table>

Grundleistungen	Besondere Leistungen
	• Mitwirken bei der Bauabnahme • Überprüfung von Alternativvorschlägen der ausführenden Firmen nach der Vergabe • Überprüfung der ausgeführten Maßnahmen für Raumakustik bezüglich der Erfüllung der Anforderungen und des raumakustischen Entwurfs, im Allgemeinen durch messtechnische Kontrollen, da raumakustische Eigenschaften regelmäßig nicht durch Inaugenscheinnahmen erkannt werden können. • Messtechnisches Überprüfen der Qualitäten der Bauausführungen und von Bauteil- oder Raumeigenschaften, wie z.B.: o Messung der Schalldruckpegelverteilung im Raum o Messung der Nachhallzeiten o Messung der entfernungsabhängigen Schallpegelabnahme in Innenräumen o Messung raumakustischer Parameter (z.B. Sprachverständlichkeit STI) o Beprobung von Baustoffen und Laboruntersuchungen zur Bestimmung von Baustoffeigenschaften, z.B. zur Messung der Rohdichte, der Strömungswiderstände, der Schallabsorptionseigenschaften
Lph 9 – Objektbetreuung	
	• Mitwirken bei Audits in Zertifizierungsprozessen

2.2.3 Schallimmissionsschutz

Die Leistungen zum Schallimmissionsschutz können zu unterschiedlichen Zeitpunkten einer Planung zu Bauwerken und Freiräumen erforderlich werden. Ggf. ergeben sie sich bereits auch unabhängig von einer konkreten Objektplanung als Prüfung der Machbarkeit aufgrund von zu erwartenden Schallimmissionen einer Anlage bzw. zur Ermittlung der auf ein Gebäude einwirkenden Geräusche. Sie können aber auch abschließend zum Nachweis für eine Betriebsgenehmigung zu erbringen sein.

Die Planungsleistungen für Schallimmissionsschutz können im Allgemeinen nicht in die Leistungsphasen einer Objektplanung nach der HOAI integriert werden. Entsprechend werden die Leistungen für Schallimmissionsschutz in Arbeitsschritte gegliedert, denen die in der Regel zu erbringenden gutachterlichen und planerischen Leistungen zugeordnet sind.

Die regelmäßigen Leistungen für Schallimmissionsschutz werden als Orientierung in Prozentsätzen des anzubietenden Gesamthonorars angegeben, da diese je nach Aufgabenstellung deutlich variieren können. Eine Präzisierung kann im Rahmen der Angebotseinholung erfolgen. Besondere Optionale Leistungen sind aufgabenspezifisch nach Erfordernis zu vereinbaren.

Leistungsstufe	**Orientierender Prozentsatz des Honorars für regelmäßige Leistungen**
Leistungsstufe 1 (Grundlagenermittlung)	10 %
Leistungsstufe 2 (Vorplanung)	40 %
Leistungsstufe 3 (Entwurfsplanung)	40 %
Leistungsstufe 4 (Genehmigungsplanung)	10 %
Leistungsstufe 5 (Ausführungsplanung, Qualitätssicherung, Abnahme)	keine Angabe

Regelmäßige Leistungen	**Besondere Optionale Leistungen**
Leistungsstufe 1 (Grundlagenermittlung)	
a) Klären der Aufgabenstellung b) Abstimmen der Planungsziele und Anforderungsgrundlagen mit dem Auftraggeber, den Planungsbeteiligten und den zuständigen Behörden	• Vor-Ort-Termine zur spezifischen Aufnahme der Umfeldsituation
Leistungsstufe 2 (Vorplanung)	
a) Zusammenstellung der immissionsschutztechnisch relevanten Schallquellen b) Abstimmung und Festlegung der Immissionsorte c) Ermittlung der frequenzunabhängigen Emissionsansätze d) Erstellen eines Rechenmodells zur Simulation der Schallausbreitung, mit Eingabe der Emissionsquellen, nach Erfordernis den geometrischen und geografischen Umfeldverhältnissen und den zu berücksichtigenden Immissionsorten	a) Messtechnische Ermittlungen bereits vorhandener Immissionen im Umfeld des Vorhabens b) Vorermittlungen (messtechnisch/rechnerisch) zu potenziellen Rahmenbedingungen des Vorhabens c) Variantenbetrachtung, z.B. hinsichtlich Anordnung der Emissionsquellen und ggf. Gebäuden zur Entscheidungsfindung d) Teilnahme an Behördenterminen und ggf. öffentlichen/nicht öffentlichen Sitzungen e) Messtechnische Umfelduntersuchungen und nach Erfordernis Untersuchungen der Schallquellen f) Bauakustische Messungen von Außenbauteilen lauter Räume g) Durchführung frequenzabhängiger Berechnungen

Regelmäßige Leistungen	**Besondere Optionale Leistungen**
Leistungsstufe 3 (Entwurfsplanung)	
a) Rechnerische Analyse der Schallemissionen und Schallimmissionen b) Zusammenfassung der Berechnungsergebnisse der Prognose als finale Abstimmungsgrundlage c) Fortschreibung der Berechnungsmodelle d) Erläuterungen der Prognose zur Übernahme in andere Dokumente, z.B. textliche Festlegungen in Bebauungsplänen zu Maßnahmen zum passiven Schallschutz oder zu Emissionskontingenten	• Präsentation der Ergebnisse, z.B. im Rahmen von Behördenterminen, öffentlichen und nicht öffentlichen Sitzungen, Bürgeranhörungen etc. • Überarbeitung/Revision der Rechenmodelle und Gutachten auf Grundlage von z.B. Eingaben oder geänderten Beschlussfassungen zum Vorhaben • Nach Erfordernis, Integration lärmmindernder und schallabschirmender Maßnahmen zur Erfüllung der Anforderungen
Leistungsstufe 4 (Genehmigungsplanung)	
a) Finale Erstellung der nachprüfbaren Prognoseergebnisse in schriftlicher Form auf Grundlage der Ergebnisse zur Leistungsstufe 3	• Präsentation der Ergebnisse, z.B. im Rahmen von Behördenterminen, öffentlichen und nicht öffentlichen Sitzungen, Bürgeranhörungen etc.
Leistungsstufe 5 (Ausführungsplanung, Qualitätssicherung, Abnahme)	
	• Mitwirken bei der Ausführungsplanung • Mitwirken bei der Erstellung von Unterlagen zur Ausschreibung • Durchführung von Ortsterminen bei der Ausführung • Mitwirken bei der Qualitätssicherung • Abnahmemessungen von Schallemissions- und -immissionspegeln • Abnahmemessungen durch Ermittlung der Schallleistungspegel • Messtechnische Überprüfung der Anlagen in regelmäßigen Abständen (Überwachung)

2.3 Grundlagen der Honorarermittlung

2.3.1 Bauakustik (Schallschutz)

2.3.1.1 Honorarbemessungsgrundlagen

Gemäß Nr. 1.2.4 Abs. 1 der Anlage 1 der HOAI 2021 richtet sich das Honorar für Grundleistungen nach den anrechenbaren Kosten für Baukonstruktionen und Anlagen der technischen Ausrüstung und nach der Honorarzone, der das Objekt nach Nr. 1.2.4. Abs. 5 und Abs. 7 der Anlage 1 der HOAI 2021 zuzuordnen ist.

Anrechenbare Kosten sind in den Absätzen 1 bis 3 des § 4 HOAI 2021 beschrieben. Gemäß Nr. 1.2.4 Abs. 2 der Anlage 1 der HOAI 2021 ist der Umfang der mitzuverarbeitenden Bausubstanz bei den anrechenbaren Kosten angemessen zu berücksichtigen.

2.3.1.2 Honorarzonen

Welchen Honorarzonen die Grundleistungen zugeordnet werden, richtet sich für Bauakustik (Schallschutz) nach den Bewertungsmerkmalen (Nr. 1.2.4 Abs. 5 Anlage 1 HOAI) und der Objektliste in Nr. 1.2.4 Abs. 7 der Anlage 1 der HOAI 2021.

Die Beschreibung der einzelnen Objekte ist vom Grundsatz her für jede Honorarzone so eindeutig, dass sie für die Praxis anwendbar ist und Zweifel an der Zuordnung regelmäßig ausgeschlossen werden können.

Gleichwohl ist es möglich, dass aufgrund der Leistungsbesonderheit der Leistungen für Bauakustik (Schallschutz) die Einstufung in eine höhere Honorarzone notwendig ist. Dies kann der Fall sein, wenn mehrere der Kriterien nach Nr. 1.2.4 Abs. 3 Anlage 1 HOAI oder nachstehende Kriterien erfüllt werden:

- Es besteht die Notwendigkeit einer nutzungs- oder entwurfsbedingten, unüblich großen Zahl von aneinandergrenzenden Räumen mit unterschiedlichen, ggf. auch erhöhten Schallschutzanforderungen.
- Durch Wohn- und Nichtwohngebäudenutzung in einem Gebäude, insbesondere durch Betriebe, von denen erhöhte Schallemissionen ausgehen oder durch die Kombination von Bestand und Neubau sind besondere Anforderungen an die Bauteilschalldämmungen und den Luft- und Körperschallschutz zu stellen.
- Es ist eine überdurchschnittliche, besondere Technische Ausrüstung mit unüblich hohen Luft- und Körperschallemissionen zu berücksichtigen.
- Es wird die Verwendung bauakustisch nicht genormter Bauelemente vorgesehen.

2.3.1.3 Honorarermittlung nach HOAI 2021 für die Grundleistungen

Für die Honorarermittlung für die Grundleistungen nach HOAI 2021 ist die Honorartabelle Anlage 1 Abschnitt 1.2.4 heranzuziehen.

In Fällen, bei denen für ein Projekt getrennte Schallschutznachweise zu führen sind, werden die Honorare getrennt ermittelt. Für Gebäude mit Mischnutzungen (Wohnen und Nichtwohnen) können die Honorare aus den anteiligen anrechenbaren Kosten für den Gebäudeteil mit Wohnnutzungen und den Gebäudeteil mit Nichtwohnnutzungen ermittelt werden, sofern für die unterschiedlichen Gebäudeteile verschiedene Schallschutznachweise verlangt werden. Diese Honorarermittlung ist auch anzuwenden, falls ein Gesamtprojekt/Objekt aus mehreren Gebäudeteilen besteht, welche real geteilt werden.

Für anrechenbare Kosten über 25.000.000 € enthält das Heft 14 der AHO-Schriftenreihe[8] einen Vorschlag für die Tafelfortschreibung, u.a. auch für den Leistungsbereich Bauakustik (Schallschutz).

8 AHO-Schriftenreihe Nr. 14 „Tafelfortschreibung Erweiterte Honorartabellen (§§ 20.1, 21.1, 28.1, 29.1, 30.1, 31.1, 32.1, 35.1, 40.1, 44.1, 48.1, 52.1, 56.1, Anlage 1, Nr. 1.1 und 1.2)“, 3. Auflage 2016.

2.3.1.4 Honorarermittlung für die Besonderen Leistungen

Das Honorar für die Besonderen Leistungen kann entweder durch einen prozentualen Aufschlag auf das Honorar für die Grundleistungen, durch ein Zeithonorar oder ein Pauschalhonorar vereinbart werden. Da das Honorar für die Besonderen Leistungen projektbezogen zu ermitteln ist, lassen sich keine allgemeinen Faktoren für die Honorarfindung festlegen.

2.3.1.5 Umbau- und Modernisierungszuschlag, Anrechnung mitzuverarbeitender Bausubstanz

Für Umbauten und Modernisierungen ist entsprechend Nr. 1.2.4 Abs. 4 Anlage 1 HOAI bei einem durchschnittlichen Schwierigkeitsgrad ein Zuschlag von bis zu 33 % auf das Honorar schriftlich zu vereinbaren.

Ob ein Zuschlag in dieser Höhe stets ausreichend ist, muss im Einzelfall geprüft werden. Da diese Regelung eine Honorarempfehlung ist und keine Begrenzung beinhaltet, können die Vertragsparteien Zuschläge in jedweder Höhe vereinbaren. Hierbei ist auch zu berücksichtigen, dass bei Leistungen für Bauakustik (Schallschutz) für Bestandsobjekte gemäß Nr. 1.2.4 Abs. 1 Anlage 1 HOAI die mitzuverarbeitende Bausubstanz angemessen bei den anrechenbaren Baukosten zu berücksichtigen ist.

Es ist dem Auftragnehmer zu empfehlen, alle Argumente, die zur Begründung des Schwierigkeitsgrades herangezogen werden können, aufzulisten und auf dieser Grundlage das für die erforderlichen Leistungen benötigte Honorar mit dem Auftraggeber zu vereinbaren. Auf das Heft Nr. 1 der AHO-Schriftenreihe[9] wird an dieser Stelle ausdrücklich verwiesen.

2.3.2 Raumakustik

2.3.2.1 Honorarbemessungsgrundlagen

Gemäß Nr. 1.2.5 Abs. 1 der Anlage 1 der HOAI 2021 richtet sich das Honorar für Grundleistungen für jeden Innenraum nach den anrechenbaren Kosten nach Nr. 1.2.5 Abs. 2 Anlage 1 HOAI für die Baukonstruktion und die Anlagen der technischen Ausrüstung sowie der Ausstattung (DIN 276-1:2008-12, Kostengruppe 610) und nach der Honorarzone, der das Objekt nach Nr. 1.2.5. Abs. 5 und Abs. 7 unter Beachtung der Bewertungsmerkmale nach Nr. 1.2.5 Abs. 6 Anlage 1 HOAI 2021 zuzuordnen ist.

Die innenraumbezogenen Kosten sind nach Nr. 1.2.5 Abs. 2 Anlage 1 HOAI 2021 zu berechnen.

Anrechenbare Kosten sind in den Absätzen 1 bis 3 des § 4 HOAI 2021 beschrieben. Gemäß Nr. 1.2.5 Abs. 2 Anlage 1 HOAI 2021 ist der Umfang der mitzuverarbeitenden Bausubstanz bei den anrechenbaren Kosten angemessen zu berücksichtigen.

Da die innenraumbezogenen Kosten häufig nicht genau zu ermitteln sind, wird empfohlen, eine Pauschalierung der anrechenbaren Kosten unter Beachtung der Bemessungsgrundlagen vorzunehmen.

9 AHO-Schriftenreihe Nr. 1 „Planen und Bauen im Bestand – Arbeitshilfen zur Bestimmung der anrechenbaren Kosten aus mitzuverarbeitender Bausubstanz und des Zuschlags für Umbauten und Modernisierungen", 2. Auflage 2018.

Wiederholungsplanungen

Die Leistungen für Raumakustik werden für die Räume erbracht, für die eine Honorarermittlung erfolgt. Bei baugleichen oder bauähnlichen Räumen können Maßnahmen für Raumakustik ggf. in gleicher Weise ausgeführt werden wie für die Räume, für die eine vollständige Bearbeitung erfolgt ist. Für die Anpassung der Planungen für diese baugleichen oder bauähnlichen Räume können Wiederholungshonorare vereinbart werden. Die Übertragung von Maßnahmen auf Räume, für die keine Honorierung vereinbart wird, liegt nicht im Verantwortungsbereich des Auftragnehmers.

2.3.2.2 Honorarzonen

Welchen Honorarzonen die Grundleistungen zugeordnet werden, richtet sich für Raumakustik nach den Bewertungsmerkmalen (Nr. 1.2.5 Abs. 5 und 6) und der Objektliste in Nr. 1.2.5 Abs. 7 Anlage 1 HOAI 2021.

Die Beschreibung der einzelnen Innenräume ist vom Grundsatz her für jede Honorarzone so eindeutig, dass sie für die Praxis anwendbar ist und Zweifel an der Zuordnung regelmäßig ausgeschlossen werden können.

Gleichwohl ist es möglich, dass aufgrund der Leistungsbesonderheit der Leistungen für Raumakustik die Einstufung in eine höhere Honorarzone notwendig ist. Dies kann der Fall sein, wenn mehrere der Bewertungsmerkmale nach Nr. 1.2.4 Abs. 6 Anlage 1 HOAI erfüllt werden.

2.3.2.3 Honorarermittlung nach HOAI 2021 für die Grundleistungen

Für die Honorarermittlung für die Grundleistungen nach HOAI 2021 ist die Honorartabelle Anlage 1 Abschnitt 1.2.5 Abs. 3 heranzuziehen.

Für anrechenbare Kosten über 7.500.000 € enthält das Heft 14 der AHO Schriftenreihe[10] einen Vorschlag für die Tafelfortschreibung, u.a. auch für den Leistungsbereich Raumakustik.

2.3.2.4 Honorarermittlung für die Besonderen Leistungen

Das Honorar für die Besonderen Leistungen kann entweder durch einen prozentualen Aufschlag auf das Honorar für die Grundleistungen, durch ein Zeithonorar oder ein Pauschalhonorar vereinbart werden. Da das Honorar für die Besonderen Leistungen projektbezogen zu ermitteln ist, lassen sich keine allgemeinen Faktoren für die Honorarfindung festlegen.

2.3.2.5 Umbau- und Modernisierungszuschlag, Anrechnung mitzuverarbeitender Bausubstanz

Für Umbauten und Modernisierungen ist entsprechend Nr. 1.2.5 Abs. 4 Anlage 1 HOAI bei einem durchschnittlichen Schwierigkeitsgrad ein Zuschlag von bis zu 33 % auf das Honorar schriftlich zu vereinbaren.

10 AHO-Schriftenreihe Nr. 14 „Tafelfortschreibung Erweiterte Honorartabellen (§§ 20.1, 21.1, 28.1, 29.1, 30.1, 31.1, 32.1, 35.1, 40.1, 44.1, 48.1, 52.1, 56.1, Anlage 1, Nr. 1.1 und 1.2)",)", 3. Auflage 2016.

Ob ein Zuschlag in dieser Höhe stets ausreichend ist, muss im Einzelfall geprüft werden. Da diese Regelung eine Honorarempfehlung ist und keine Begrenzung beinhaltet, können die Vertragsparteien Zuschläge in jedweder Höhe vereinbaren. Hierbei ist auch zu berücksichtigen, dass bei Leistungen für Raumakustik für Bestandsobjekte gemäß Nr. 1.2.5 Abs. 2 Anlage 1 HOAI die mitzuverarbeitende Bausubstanz angemessen bei den anrechenbaren Baukosten zu berücksichtigen ist.

Es ist dem Auftragnehmer zu empfehlen, alle Argumente, die zur Begründung des Schwierigkeitsgrades herangezogen werden können, aufzulisten und auf dieser Grundlage das für die erforderlichen Leistungen benötigte Honorar mit dem Auftraggeber zu vereinbaren. Auf das Heft Nr. 1 der AHO-Schriftenreihe[11] wird an dieser Stelle ausdrücklich verwiesen.

2.3.3 Schallimmissionsschutz

2.3.3.1 Honorarbemessungsgrundlagen

In der HOAI 2021 sind Honorarbemessungsgrundlagen für Leistungen für Schallimmissionsschutz nicht enthalten.

Die Leistungen für Schallimmissionsschutz können nicht in (für alle Aufgaben allgemeingültige) Leistungsphasen untergliedert werden, dennoch werden die Leistungen für Schallimmissionsschutz Leistungsstufen zugeordnet und diese orientierend mit Prozentsätzen bewertet.

Aus der Vielzahl unterschiedlicher Leistungsbereiche und Aufgaben für Schallimmissionsschutz können keine allgemein gültigen Honorarbemessungsgrundlagen entwickelt werden. Eine Bewertung unterschiedlicher Aufgaben und Schwierigkeitsgrade mittels eines Punktesystems, genauso wie eine flächenabhängige Bemessung von Honoraren (z.B. Bebauungspläne, gewerbliche Anlagen) oder längenabhängige Bemessung von Honoraren (z.B. Bahntrassen, Straßen), wurde untersucht, aber musste als nicht zielführend verworfen werden.

Auch die Honorarbemessung mittels anrechenbarer Kosten wurde verworfen, da diese besondere objektbezogene Aspekte, wie z.B. anlagenbezogenen Verkehr, Geräuscherzeugung von Personen in der Außengastronomie, Personen auf und an Sportplätzen sowie die Art, Lage und Schutzbedürftigkeit der Umgebungsbebauung nicht berücksichtigen kann.

Demnach muss für jede Aufgabenstellung die Honorarbemessung individuell festgelegt werden.

Hierbei ist zu berücksichtigen, dass die Schwierigkeitsgrade für die Bearbeitungen und demnach die Honorierungen sowohl von den Schallquellen (Komplexität und Zahl der Quellen) als auch von den Immissionsorten (Zahl der Orte, Abschirmungen, Ausdehnung) abhängig sind.

In der nachstehenden Zusammenstellung sind beispielhaft die Einflüsse auf den Umfang bei Berechnungen und Bewertungen und damit auf die Honorarbemessung dargestellt:

11 AHO-Schriftenreihe Nr. 1 „Planen und Bauen im Bestand – Arbeitshilfen zur Bestimmung der anrechenbaren Kosten aus mitzuverarbeitender Bausubstanz und des Zuschlags für Umbauten und Modernisierungen", 2. Auflage 2018.

Einflüsse auf den Umfang der Berechnungen	
1. Anzahl der Schallquellen 2. Komplexität eines schallabstrahlenden Gebäudes oder von schallabstrahlenden Gebäudeteilen 3. Anzahl der Immissionsorte 4. Vereinfachte Verfahren frequenzunabhängig 5. Frequenzabhängige Berechnungen zur Berücksichtigung spezieller spektraler Abstrahlungen und ggf. Richtwirkung 6. Aufwand zur Ermittlung der Kenndaten der Schallquellen 7. Variation der Betriebsabläufe 8. Nachtbetrieb 9. Komplexität der Topografie 10. Größe des Einwirkungsbereiches	zu 1.: Aufwand bei der Erstellung des Berechnungsmodells zu 2.: bezüglich der Schalldämmungen, der Geometrien und ggf. bezüglich der Richtwirkungen zu differenzierende Übertragungsflächen zu 3.: abhängig vom Abstand möglicher Immissionsorte und der Anzahl der angrenzenden Gebietseinteilungen und Bebauungspläne zu 4.: im Allgemeinen bei Fahrzeugverkehr, Baulärm zu 5.: z.B. bei Trafoanlagen, BHKW, Stanzen, Kaminen, teilgekapselten oder teilabgeschirmten Anlagen, Beschallungsanlagen zu 6.: Sind Messungen vor Ort erforderlich oder genügen Angaben in z.B. technischen Datenblättern? Sind mehrere Betriebszustände zu berücksichtigen? zu 7.: ggf. sind Beurteilungszeiträume mehrfach zu betrachten, wenn z.B. tageweise unterschiedliche Schallquellen oder unterschiedliche Betriebszustände zu berücksichtigen sind zu 8.: bei einem Nachtbetrieb sind strengere Anforderungen einzuhalten und weitere Berechnungsvarianten erforderlich (z.B. im Fall von abweichenden Betriebszuständen gegenüber dem Tagbetrieb) zu 9.: Topografie, die eine besondere Anpassung der Modelle für die Schallausbreitungsberechnung erfordert zu 10.: Fläche, auf die die Immissionsberechnungen auszudehnen sind

2.3.3.2 Honorarermittlung für die Leistungen für Schallimmissionsschutz

Bei den Leistungen für Schallimmissionsschutz handelt es sich insgesamt um Besondere Leistungen. Da das Honorar für die Besonderen Leistungen projektbezogen zu ermitteln ist, lassen sich keine allgemeinen Faktoren für die Honorarfindung festlegen.

Besondere Leistungen können durch ein Zeithonorar oder ein Pauschalhonorar vereinbart werden.

Zur Bewertung der Komplexität, als Checkliste für die Beschreibung der Aufgabenstellung und zur Unterstützung bei der Honorarermittlung dient die Beschreibung in Anlage 1.

3 Empfehlung

Der Gesetzgeber hat auf der Grundlage von Gesetzen und Verordnungen Regelungen für Bauakustik, Raumakustik und Schallimmissionsschutz erlassen.

Durch die Leistungen für Bauakustik, Raumakustik und Schallimmissionsschutz werden regelmäßig die öffentlich-rechtlich verordneten Ziele des mindestens zu gewährleistenden Gesundheits- und Umweltschutzes erfüllt.

Darüber hinausgehende Anforderungen können im Einzelfall zwischen Auftragnehmer und Auftraggeber schriftlich vereinbart werden. In allen Leistungsbereichen, insbesondere im Leistungsbereich „Raumakustik", sind die zivilrechtlich vereinbarten Ziele zu erfüllen.

Durch die Maßnahmen zur baubegleitenden Qualitätssicherung, insbesondere durch messtechnische Überprüfungen, kann die Qualität ausgeführter Maßnahmen für Bauakustik, Raumakustik und Schallimmissionsschutz im Einzelfall überprüft werden. Sofern eine umfängliche bis vollständige Qualitätsüberprüfung erforderlich wird, sind die messtechnischen Qualitätskontrollen über eine übliche Stichprobe hinaus deutlich zu erhöhen.

Der Auftragnehmer für Bauakustik, Raumakustik und Schallimmissionsschutz stellt die für den Bauantrag notwendigen Unterlagen in genehmigungsfähiger Form zusammen. Die Zusammenstellung der Unterlagen umfasst nachvollziehbare und nachprüfbare Berichte sowie ggf. Bauteilkataloge zur Darstellung der Materialart, Schichtdicke und Schichtenfolge der Bauteile und der Maßnahmen, die das beauftragte Fachgebiet betreffend erforderlich sind.

Der Auftraggeber kann erwarten, dass der Auftragnehmer für Bauakustik, Raumakustik und Schallimmissionsschutz die Wirtschaftlichkeit der von ihm bemessenen Bauteile und Maßnahmen so weit beachtet, dass er auf offensichtlich unwirtschaftliche Lösungen des Objektplaners aufmerksam macht, sofern diese aus Plausibilitätsabwägungen erkennbar sind, und dass er geeignete Alternativen aufzeigt.

Die Tatsache, dass die Planungsleistungen für Bauakustik und Raumakustik genauso wie die sonstigen Planungsleistungen nach HOAI 2021, insbesondere die nicht in der HOAI 2021 behandelten Leistungen für Schallimmissionsschutz, nicht mit verbindlichen Honoraren versehen sind, führt zu einem Preiswettbewerb. Es liegt deshalb in der Verantwortung der Auftraggeber, klare Aufgabenstellungen insbesondere im Hinblick auf die gewählten Besonderen Leistungen bzw. im Hinblick auf die Leistungen für Schallimmissionsschutz zu formulieren und das billigste Angebot nicht dem wirtschaftlichsten Angebot gleichzusetzen. Die Honorare für die Leistungen für Bauakustik und für Raumakustik sind aus der HOAI 2021 in Kombination mit den Honorarempfehlungen dieses AHO-Heftes Nr. 44 als übliche Honorare zu bestimmen.

Die Honorare für die Leistungen für Schallimmissionsschutz sind aufwandsabhängig als Zeithonorare oder Pauschalhonorare zu vereinbaren.

Wesentlich für die Auftragsvergabe ist die nachgewiesene Qualifikation des Auftragnehmers, worauf schon im Vorwort des vorliegenden „Grünen Heftes" hingewiesen wird.

Dem Auftragnehmer wird an dieser Stelle empfohlen, die zu erbringende Leistung detailliert zu beschreiben und in einem Vertrag[12] klarstellend zu regeln. Beispielsweise können zur Beant-

12 Vertragsmuster Bayerische Ingenieurekammer-Bau, Teil B5 „Leistungsbereich Bauphysik".

wortung besonderer Fragestellungen – u.a. zu gebäudespezifischen Bauteileigenschaften und Konstruktionsmerkmalen oder besonderen nutzungsspezifischen Qualitäts- oder Komfortanforderungen – Untersuchungen erforderlich werden, für die der Auftragnehmer für Bauakustik, Raumakustik und Schallimmissionsschutz ein angepasstes Portfolio Besonderer Leistungen anbieten können sollte.

Anlage 1 Erläuterungen zum Schallimmissionsschutz

Die Erfordernisse zur Erbringung von Leistungen für Schallimmissionsschutz ergeben sich aus einer Vielzahl von öffentlich-rechtlichen, wie auch aus privatrechtlichen Aufgabestellungen, die nachstehend beispielhaft zur Verdeutlichung aufgeführt sind:

- Erstellen von Flächennutzungsplänen
- Erstellen von Bebauungsplänen
- Ermitteln des maßgeblichen Außenlärmpegels
- Schallemissionen und -immissionen bezüglich der Gebietsverträglichkeit
- gesunde Wohn- und Arbeitsverhältnisse
- Erwirken von Betriebsgenehmigungen
- Ausbau und Veränderung von Verkehrswegen
- Einrichtung und Betrieb von Baustellen
- Genehmigungsfähigkeit von Anlagen, für die relevante Schallimmissionen auf angrenzende schutzbedürftige Bereiche ausgehen; z.B. Anlagen wie Freibäder, Sportanlagen, Parkplätze von Einkaufsmärkten, Parkhäuser, Garagenzufahrten

Leistungen der Fachplanung für den Schallimmissionsschutz sind Leistungen, die den Schallschutz außerhalb von Gebäuden zum Gegenstand haben.

Der Bauakustik (gemäß Abschnitt 2.2.1 im vorliegenden Heft) sind Leistungen für Schallimmissionsschutz dann zuzuordnen, wenn es sich um Schallimmissionen ausgehend von Betrieben, die baulich mit schutzbedürftigen fremden Räumen verbunden sind, handelt.

Beispiele für Schallquellen, die dem Schallimmissionsschutz außerhalb von Gebäuden zuzuordnen sind, sind nachstehend aufgeführt:

- Anlagen der Technischen Gebäudeausrüstung, z.B. Lüftungs- und Kälteanlagen, BHKW etc.
- Fahrbewegungen auf Liefer- und Betriebshöfen: Anlieferverkehr, Transporte auf dem Betriebsgelände, Verkehr von Mitarbeitern von Betrieben, Gästen in Hotels und Betrieben
- Fahrbewegungen auf Parkplätzen (Stellplätze, Garagen, Parkpaletten)
- Straßen-, Schienen-, Schiffs- und Flugverkehr öffentlicher Verkehrswege
- Produktionsanlagen, Industrie- und Gewerbebetriebe, Anlagen von Handwerksbetrieben, Fertigungshallen, Handel und Dienstleistungen: Be-/Entladevorgänge, Anlagenkomponenten, Gebäudeabstrahlung bei „besonders lauten" Innenräumen, z.B. laute handwerkliche oder maschinelle Tätigkeiten innen und im Außenbereich
- Sportanlagen: Zuschauer, Sportgeräusche (Tennisbälle, Pfeifen von Schiedsrichtern) und zugehörige Ereignisse wie z.B. An- und Abfahrtsverkehr, Beschallungsanlagen
- Freizeitanlagen
- sonstige gewerbliche oder private Anlagen (z.B. Wärmepumpen, BHKW)

Ausschuss der Verbände und Kammern
der Ingenieure und Architekten
für die Honorarordnung e.V.

Der AHO – Tradition und gewachsene Kompetenz

Der AHO Ausschuss der Verbände und Kammern der Ingenieure und Architekten für die Honorarordnung e.V. ist der Zusammenschluss maßgeblicher Ingenieurverbände, der Länderingenieurkammern Deutschlands und einiger Architektenkammern und -verbände. Als Fachverband wahrt und vertritt er die Honorar- und Wettbewerbsinteressen von Ingenieuren und Architekten.

Die Facharbeit des AHO wird in themenbezogen zusammengestellten Arbeitsgremien von hochqualifizierten Ingenieuren und Architekten ehrenamtlich geleistet. Im Mittelpunkt stehen die Diskussionen von Grundsatzfragen zum Honorar- und Wettbewerbsrecht, die Weiterentwicklung der bestehenden Leistungsbilder der Verordnung über die Honorare für Architekten- und Ingenieurleistungen (Honorarordnung für Architekten und Ingenieure – HOAI) sowie die Erarbeitung neuer Leistungsbilder. Beratungsergebnisse aus den einzelnen Arbeitsgremien werden in der Schriftenreihe des AHO als Praxishilfe für Auftragnehmer und Auftraggeber veröffentlicht.

Ausschuss der Verbände und Kammern
der Ingenieure und Architekten
für die Honorarordnung e.V.

Mitgliedsorganisationen im AHO

Verbände

abv Arbeitskreis Beratende Ingenieure – Vermessung – im BDB Baden-Württemberg

BAB Berufsverband freischaffender Architekten und Bauingenieure e.V.

BDB Bund Deutscher Baumeister, Architekten und Ingenieure e.V.

BDG Berufsverband Deutscher Geowissenschaftler e.V.

BDK Bundesverband Deutscher Baukoordinatoren e.V.

BDVI Bund der Öffentlich bestellten Vermessungsingenieure e.V.

BVPI Bundesvereinigung der Prüfingenieure für Bautechnik e.V.

BVS Bundesverband öffentlich bestellter und vereidigter sowie qualifizierter Sachverständiger e.V.

DVP Deutscher Verband für Projektmanagement in der Bau- und Immobilienwirtschaft e.V.

IGVB Ingenieurverband Geoinformation und Vermessung Bayern e.V.

UBF Unabhängige Berater für Fassadentechnik e.V.

VBI Verband Beratender Ingenieure

VDI Verein Deutscher Ingenieure e.V.

VDR Verband der Restauratoren e.V.

VDV Verband Deutscher Vermessungsingenieure e.V.

VIV Verband der Ingenieurbüros für Verkehrstechnik e.V.

V.S.G.K. Verband der Sicherheits- und Gesundheitsschutzkoordinatoren Deutschlands e.V.

Kammern

Architektenkammer Baden-Württemberg

Architektenkammer der Freien Hansestadt Bremen

Architektenkammer Sachsen

Architektenkammer Thüringen

Architekten- und Ingenieurkammer Schleswig-Holstein

Architekten- und Stadtplanerkammer Hessen

Baukammer Berlin

Bayerische Architektenkammer

Bayerische Ingenieurekammer-Bau

Brandenburgische Ingenieurkammer

Hamburgische Ingenieurkammer-Bau

Ingenieurkammer Baden-Württemberg

Ingenieurkammer-Bau Nordrhein-Westfalen

Ingenieurkammer der Freien Hansestadt Bremen

Ingenieurkammer des Saarlandes

Ingenieurkammer Hessen

Ingenieurkammer Mecklenburg-Vorpommern

Ingenieurkammer Niedersachsen

Ingenieurkammer Rheinland-Pfalz

Ingenieurkammer Sachsen

Ingenieurkammer Sachsen-Anhalt

Ingenieurkammer Thüringen

Außerordentliche Mitglieder

BDA Bund Deutscher Architektinnen und Architekten

bdia bund deutscher innenarchitekten e.V.

bdla Bund Deutscher Landschaftsarchitekten

SRL Vereinigung für Stadt-, Regional- und Landesplanung e.V.

VFA Vereinigung Freischaffender Architekten Deutschlands e.V.

Ausschuss der Verbände und Kammern
der Ingenieure und Architekten
für die Honorarordnung e.V.

Veröffentlichungen in der Schriftenreihe des AHO

Weitere Informationen und Bestellungen unter www.aho.de/schriftenreihe.

Nr. 1 **Planen und Bauen im Bestand – Arbeitshilfen zur Bestimmung der anrechenbaren Kosten aus mitzuverarbeitender Bausubstanz und des Zuschlags für Umbauten und Modernisierungen**
ISBN 978-3-8462-0990-5, 2. Auflage 2018, 32,80 €

Nr. 2 **Örtliche Bauüberwachung bei Ingenieurbauwerken und Verkehrsanlagen**
ISBN 978-3-8462-0431-3, 2014, 14,80 €

Nr. 3 **Besondere Leistungen bei der Tragwerksplanung und Erläuterungen zu den Grundleistungen – Besondere Leistungen zur HOAI 2021 Teil 4 Abschnitt 1, § 51 mit Anlage 14**
ISBN 978-3-8462-1355-1, 6. Auflage 2021, 32,80 €

Nr. 4 **Besondere Leistungen bei der Planung von Objekten der Wasser- und Abfallwirtschaft nach Teil 3 Abschnitt 3, § 41 HOAI 2013**
ISBN 978-3-8462-0824-3, 3. Auflage 2017, 16,80 €

Nr. 5 **Verkehrsplanerische Leistungen – Leistungsbeschreibung mit Honorarvorschlag**
ISBN 978-3-8462-0768-0, 2. Auflage 2018, 24,80 €

Nr. 6 **Besondere Leistungen bei der Planung von Anlagen der Technischen Ausrüstung nach Teil 4 Abschnitt 2, Anlage 15, Nr. 15.1 HOAI 2013**
ISBN 978-3-8462-0317-0, 3. Auflage 2014, 14,80 €

Nr. 7 **Besondere Leistungen bei der Planung von Ingenieurbauwerken nach Teil 3 Abschnitt 3 – § 41 Nr. 6 (konstruktive Ingenieurbauwerke für Verkehrsanlagen) und Nr. 7 (sonstige Einzelbauwerke, ausgenommen Gebäude und Freileitungsmaste) HOAI 2013**
ISBN 978-3-8462-0436-8, 2. Auflage 2015, 14,80 €

Nr. 8 **Untersuchungen zum Leistungsbild und zur Honorierung für den Planungsbereich „Altlasten"**
ISBN 978-3-89817-914-0, 2. Auflage 2010, 21,80 €

Nr. 9 **Projektmanagement in der Bau- und Immobilienwirtschaft – Standards für Leistungen und Vergütung**
ISBN 978-3-8462-1120-5, 5. Auflage 2020, 41,80 €

Nr. 10 **GIS-Dienstleistungen – Leistungsphasen nach Fachthemen mit Honorarzonen und Honorartafeln**
ISBN 978-3-8462-1434-3, 2. Auflage 2022, 24,80 €

Nr. 11 **Leistungen Building Information Modeling – Die BIM-Methode im Planungsprozess der HOAI**
ISBN 978-3-8462-1002-4, 2019, 24,80 €

Ausschuss der Verbände und Kammern
der Ingenieure und Architekten
für die Honorarordnung e.V.

Nr. 12 **Arbeitshilfen zur Vereinbarung von Ingenieurverträgen für die Bearbeitung von Generalentwässerungsplänen (GEP)**
ISBN 978-3-8462-0437-5, 2. Auflage 2014, 14,80 €

Nr. 13 **HVA F-StB – Handbuch für die Vergabe und Ausführung von freiberuflichen Leistungen im Straßen- und Brückenbau –, Stand April 2019 mit Teilausgabe April und Juli 2019**
Entwurf zur Fortschreibung des HVA F-StB, Ausgabe 2021
Benutzerhinweise des AHO
ISBN 978-3-8462-1368-1, 2. Auflage 2021, 32,80 €

Nr. 14 **Tafelfortschreibung Erweiterte Honorartabellen – §§ 20.1, 21.1, 28.1, 29.1, 30.1, 31.1, 32.1, 35.1, 40.1, 44.1, 48.1, 52.1, 56.1, Anlage 1, Nr. 1.1 und 1.2**
ISBN 978-3-8462-0710-9, 3. Auflage 2016, 21,80 €

Nr. 15 **Leistungen nach der Baustellenverordnung**
ISBN 978-3-8462-1401-5, 3. Auflage 2022, 16,80 €

Nr. 16 **Untersuchungen zum Leistungsbild und zur Honorierung für das Facility Management Consulting**
ISBN 978-3-89817-841-9, 4. Auflage 2010, 28,80 €

Nr. 17 **Leistungen für den bauordnungsrechtlichen Brandschutz**
ISBN 978-3-8462-1477-0, 4. Auflage 2022, 24,80 €

Nr. 18 **Planungsbereich „Baufeldfreimachung/Rückbau“**
ISBN 978-3-8462-0234-0, 2. Auflage 2014, 14,80 €

Nr. 19 **Ergänzende Leistungsbilder im Projektmanagement für die Bau- und Immobilienwirtschaft**
ISBN 978-3-8462-0049-0, 2. Auflage 2018, 41,80 €

Nr. 20 **Abgrenzung der Vergütung von Freianlagen und Verkehrsanlagen nach der HOAI 2013**
ISBN 978-3-8462-0825-0, 3. Auflage 2019, 24,80 €

Nr. 21 **Interdisziplinäre Leistungen zur Wertoptimierung von Bestandsimmobilien**
ISBN 978-3-89817-632-3, 2006, 28,80 €

Nr. 22 **Interdisziplinäres Projektmanagement für PPP-Hochbauprojekte**
ISBN 978-3-89817-645-3, 2006, 28,80 €

Nr. 23 **Wärmeschutz und Energiebilanzierung**
ISBN 978-3-8462-1435-0, 3. Auflage 2022, 16,80 €

Nr. 24 **Planung von Lichtsignalanlagen**
ISBN 978-3-8462-1436-7, 2. Auflage 2022, 16,80 €

Nr. 25 **Leistungen für Baulogistik**
ISBN 978-3-89817-947-8, 2011, 14,80 €